# DÉCRET

DU 29 MARS 1890

PORTANT RÈGLEMENT D'ADMINISTRATION PUBLIQUE

SUR L'ADMINISTRATION ET LA COMPTABILITÉ

## DES ÉCOLES NORMALES PRIMAIRES

ET

## SUR LES PRESTATIONS EN NATURE

A CONCÉDER AU PERSONNEL DE CES ÉCOLES.

## PARIS.

IMPRIMERIE NATIONALE.

M DCCC XC.

# DÉCRET

*portant règlement d'administration publique sur l'administration et la comptabilité des écoles normales primaires et sur les prestations en nature à concéder au personnel de ces écoles.*

---

Le Président de la République française,

Sur le rapport du Ministre de l'Instruction publique et des Beaux-Arts, du Ministre de l'Intérieur et du Ministre des Finances ;

Vu l'article 47 et les paragraphes 12 et 16 de l'article 48 de la loi du 19 juillet 1889, ainsi conçus :

« Il est statué par des règlements d'administration publique :

« Sur les règles d'administration et de comptabilité des écoles normales primaires et notamment sur le régime des écoles annexes ;

« Sur les prestations en nature à concéder au personnel des écoles normales primaires » ;

Vu les lois des 9 août 1879 et 16 juin 1881 ;

Vu le règlement de comptabilité du Ministère de l'Instruction publique en date du 16 octobre 1867 ;

Vu le décret relatif à l'organisation des écoles normales primaires en date du 18 janvier 1887 ;

Vu les décrets des 29 juillet 1882 et 16 avril 1883, portant règlement pour l'administration et la comptabilité intérieures des écoles normales primaires ;

Vu l'avis du Conseil supérieur de l'Instruction publique en date du 8 novembre 1889 ;

Le Conseil d'État entendu,

Décrète :

## TITRE I.

### DE L'ADMINISTRATION DES ÉCOLES NORMALES PRIMAIRES.

#### ARTICLE PREMIER.

Chaque école normale primaire est administrée par un directeur et un conseil d'administration.



1

Un économe ou, dans le cas prévu à l'article 21 de la loi du 19 juillet 1889, un maître faisant fonctions d'économe est chargé, sous l'autorité du directeur, de la comptabilité et de la gestion de l'établissement.

Le directeur et l'économe sont nommés par le Ministre de l'Instruction publique.

Le conseil d'administration est désigné dans les conditions déterminées par le dernier paragraphe de l'article 47 de la loi du 19 juillet 1889.

ART. 2.

Le conseil d'administration donne son avis sur le budget et les comptes de l'école normale, ainsi que sur les demandes de crédits supplémentaires, dans les conditions déterminées au titre II du présent règlement.

Il est consulté sur les actions judiciaires que l'école normale doit intenter ou auxquelles elle doit défendre.

Il fixe, sur la proposition du directeur et sous réserve de l'approbation du Ministre de l'Instruction publique, le nombre et les gages des gens de service attachés à l'école, la distribution des locaux entre les différents services de l'école, le mode de chauffage et d'éclairage, la ration journalière et les frais d'entretien des élèves-maîtres.

Il soumet au recteur des propositions pour la nomination du médecin de l'école.

ART. 3.

Le conseil d'administration doit visiter l'école tous les mois; il adresse, au mois de juillet, chaque année, au recteur un rapport sur la situation matérielle de l'établissement.

Ce rapport est communiqué au préfet par le recteur.

ART. 4.

Le directeur engage et ordonnance les dépenses dans les limites des crédits régulièrement alloués. Il passe les marchés.

Il surveille et contrôle toutes les parties du service de l'économat, sans pouvoir s'immiscer dans le maniement des deniers et des matières.

Il représente l'école en justice, mais ne peut engager aucune action ou y défendre sans l'avis du conseil d'administration et l'autorisation du conseil de préfecture.

Il assiste aux séances du conseil d'administration avec voix consultative, s'il n'est pas désigné par le recteur pour faire partie de ce conseil par application de l'article 47 de la loi du 19 juillet 1889.

ART. 5.

L'économe règle, sous l'autorité du directeur, tous les détails du service intérieur. Il choisit, avec l'agrément du directeur, les gens de service.

Il discute les conditions des marchés et prépare les cahiers des charges.

Il est chargé, comme agent comptable, d'effectuer, conformément aux dispositions du titre II du présent règlement, toutes les recettes et toutes les dépenses de l'école et de faire tous les actes nécessaires pour assurer la conservation des biens appartenant à l'école.

Il a la garde des titres de propriété ou de rente et des valeurs appartenant à l'école.

Il assiste à la réception des fournitures de toute espèce; il en vérifie la quantité et la qualité.

ART. 6.

Les marchés pour le compte de l'école sont faits dans les conditions déterminées pour les marchés communaux par l'ordonnance du 14 novembre 1837. Ils doivent, autant que possible, être passés pour une année.

Les articles de consommation qui ne peuvent être l'objet d'un marché préalable, et doivent par suite être achetés au comptant, sont désignés par le conseil d'administration.

ART. 7.

Il est établi, dans chaque école, une table commune à laquelle ne sont admis que les élèves-maîtres et les maîtres internes chargés de la surveillance.

Dans les écoles normales d'institutrices, les maîtresses ainsi que les économes et les directrices peuvent être autorisées par le Ministre de l'Instruction publique à prendre leurs repas à la table commune. Cette autorisation ne peut être donnée au personnel spécial chargé d'un enseignement accessoire.

Tous les membres du personnel enseignant ou administratif admis à la table commune doivent verser une somme de 400 francs par personne et par an.

ART. 8.

La fourniture du trousseau est à la charge des familles.

ART. 9.

Les prestations, à la charge de l'école, comprennent :

1° Les dépenses d'infirmerie pour les élèves-maîtres et les maîtres internes;

2° Le chauffage et l'éclairage du cabinet du directeur, du bureau de l'économe, des chambres des maîtres internes.

Les prestations comprises au paragraphe 2 sont fixées par le conseil d'administration.

ART. 10.

Dans les écoles normales, le mobilier comprend les objets suivants :

1° Sièges, tables et pupitres pour les élèves et pour les maîtres ;

2° Appareils de chauffage et d'éclairage ;

3° Meubles et ustensiles de cuisine ;

4° Lits des élèves avec la literie complète (sommiers, matelas, draps, couvertures, traversin, oreiller, armoire, descente de lit, chaise) ;

5° Draps, serviettes de toilette et linge de table pour les personnes admises à la table commune et pour les gens de service ;

6° Meubles pour la salle de commission, pour le cabinet du directeur ou de la directrice et de l'économe, pour les chambres de l'économe, des maîtres chargés de la surveillance et pour les chambres des maîtresses ;

7° Mobilier pour la bibliothèque et pour le cabinet des collections ;

8° Mobilier nécessaire à l'infirmerie.

Aucune prestation en nature autre que celles prévues à l'article 9 et au paragraphe 5 du présent article n'est autorisée pour les personnes admises à la table commune et pour les gens de service.

ART. 11.

Dans les écoles normales primaires où n'existent pas les bâtiments nécessaires au logement de la totalité ou de partie des élèves-maîtres, les allocations à payer pour le logement des élèves non logés à l'école normale et pour la fourniture des objets mobiliers prévus aux paragraphes 4 et 5 de l'article 10 sont à la charge du département. Ces allocations sont fixées par le Ministre de l'Instruction publique, après avis du conseil général. Le montant en est versé à la caisse de l'école normale.

ART. 12.

Le prix de logement des élèves demi-pensionnaires ainsi que le prix de pension des élèves externes sont fixés par le Ministre de l'Instruction publique sur la proposition du recteur.

La pension des élèves externes comprend :

1° Le logement ;

2° La fourniture des objets prévus aux paragraphes 4 et 5 de l'article 10 ;

3° La nourriture;

4° Le chauffage ;

5° Le blanchissage et le menu raccommodage du linge et des effets d'habillement.

Le montant de la pension ou du logement est payé directement par l'économe aux personnes qui reçoivent des élèves externes ou demi-pensionnaires.

ART. 13.

Les dépenses des écoles annexes, quand ces écoles sont installées dans les bâtiments de l'école normale, sont à la charge de l'école normale pour le chauffage et l'éclairage, et à la charge du département pour la fourniture du mobilier.

Dans le cas où les écoles annexes ne sont pas installées dans les bâtiments de l'école normale, elles sont soumises au même régime que les écoles primaires publiques.

ART. 14.

Le jardin de l'école est affecté en totalité aux promenades, aux récréations et aux travaux horticoles des élèves-maîtres, ainsi qu'à la culture des légumes et fruits nécessaires à l'école normale. Si la production est supérieure à la consommation, les légumes et fruits sont vendus au profit de l'école normale.

# TITRE II.

## DE LA COMPTABILITÉ.

### SECTION Iʳᵉ.

DU BUDGET.

ART. 15.

Le budget de l'école normale se divise en budget ordinaire et budget extraordinaire.

ART. 16.

Les recettes du budget ordinaire se composent:

1° Des prix de pension pour les élèves-maîtres, fixés conformément au tarif déterminé annuellement pour chaque école normale par le Ministre de l'Instruction publique, et payés par l'État conformément aux dispositions de l'article 25 du présent règlement;

2° Du prix de pension payé par le personnel de l'école admis à la table commune;

2.

3° Du revenu des biens appartenant à l'école ou dont elle a la jouissance;

4° Des remboursements pour dégradations et objets perdus;

5° Des allocations dues par le département dans le cas prévu à l'article 11.

### ART. 17.

Les dépenses du budget ordinaire comprennent:

1° Les dépenses de nourriture;

2° Les dépenses de blanchissage du linge, menu raccommodage du linge et des effets d'habillement des élèves-maîtres;

3° Les frais du service intérieur;

4° Les dépenses diverses;

5° Les dépenses d'ordre du montant des produits du jardin consommés en nature;

6° Les dépenses pour le logement des élèves demi-pensionnaires ou externes.

### ART. 18.

Les recettes du budget extraordinaire se composent:

1° Du prix des immeubles aliénés;

2° Du produit des aliénations des rentes sur l'État;

3° Du produit des emprunts;

4° Des subventions, dons et legs et autres recettes accidentelles.

### ART. 19.

Les dépenses du budget extraordinaire comprennent:

1° L'achat de rentes sur l'État;

2° L'achat de terrains ou de bâtiments;

3° Les acquisitions pour la bibliothèque et les collections de l'école;

4° Les achats de livres à distribuer aux élèves-maîtres;

5° Les frais de procédure;

6° L'intérêt et l'amortissement des emprunts;

7° Les dépenses accidentelles et temporaires imputées sur les ressources extraordinaires.

### ART. 20.

Le directeur soumet au conseil d'administration le budget de l'école pour l'année suivante, dans la dernière quinzaine du mois de mai de chaque année.

Les dépenses de nourriture sont évaluées d'après le nombre des élèves et des personnes admises à la table commune.

Le conseil d'administration, dans la première quinzaine du mois de juin, émet son avis sur le budget présenté par le directeur.

Le président du conseil d'administration adresse au recteur, en triple expédition, le projet de budget soumis au conseil d'administration. Il y joint les délibérations du conseil d'administration et toutes les pièces à l'appui. Le recteur transmet au Ministre l'une de ces expéditions et envoie les deux autres au préfet.

ART. 21.

La durée de la période pendant laquelle doivent se consommer tous les faits de recettes et de dépenses de chaque exercice se prolonge:

1° Jusqu'au 28 février de la seconde année pour la liquidation et l'ordonnancement des sommes dues aux créanciers;

2° Jusqu'au 31 mars de cette seconde année pour compléter les opérations relatives au recouvrement des produits et au payement des dépenses.

ART. 22.

Chaque année, dans le mois qui suit la clôture de l'exercice, le conseil d'administration, sur la proposition du directeur, donne son avis sur les chapitres additionnels à ajouter au budget de l'exercice en cours.

Ces chapitres comprennent : en recettes, les restes à recouvrer et, s'il y a lieu, l'excédent de l'exercice expiré ; en dépenses, les restes à payer de l'exercice expiré, qui sont reportés à l'exercice courant.

L'excédent des recettes ordinaires sur les dépenses de même nature doit être affecté au payement des dépenses énumérées à l'article 17.

ART. 23.

Le préfet soumet le projet de budget au conseil général à la session d'août et le transmet au Ministre de l'Instruction publique dans les quinze jours qui suivent la clôture de cette session avec un extrait de la délibération du conseil général.

ART. 24.

Le budget est arrêté par le Ministre de l'Instruction publique, qui en transmet une ampliation au recteur et une autre au préfet. Le recteur en adresse copie au directeur de l'école.

ART. 25.

Les prix de pension alloués par l'État à l'école normale sont

mandatés par le préfet au nom de l'économe sur ordonnance de
délégation du Ministre de l'Instruction publique et payés à la
caisse du trésorier-payeur général.

Les traitements du personnel des écoles normales sont payés
directement par les comptables de l'État au personnel de l'école
dans les conditions qui seront déterminées par des arrêtés des
Ministres de l'Instruction publique et des Finances.

### ART. 26.

La somme de 400 francs due, en vertu de l'article 18 de la
loi du 19 juillet 1889, par les commensaux à la table commune est prélevée sur leur traitement et versée par douzième
à la caisse de l'école par le comptable chargé de payer les traitements du personnel de l'école.

### ART. 27.

Les produits du jardin ne doivent être consommés qu'à la
table commune. Ceux qui ne peuvent être consommés en nature
doivent être vendus.

Il est fait recette pour ordre dans les écritures de l'économe
de ces produits dont la valeur est évaluée d'après les cours du
marché local.

Les produits qui ne peuvent être consommés en nature sont
vendus, et le prix en est encaissé par l'économe sur le vu d'un
titre de perception délivré par le directeur.

### ART. 28.

Les acquisitions d'immeubles, les achats de rentes sur l'État,
les aliénations des biens de l'école, ainsi que les emprunts sont
proposés par le directeur, votés par le conseil d'administration
et approuvés par décrets rendus sur la proposition du Ministre
de l'Instruction publique.

### ART. 29.

L'acceptation des dons et legs faits à l'école normale est autorisée par le Ministre de l'Instruction publique, après avis du
conseil d'administration.

En cas de réclamation, l'autorisation d'accepter est donnée par
décret en Conseil d'État.

### ART. 30.

Aucune dépense faite pour le compte de l'école ne peut être
acquittée que sur un mandat de payement délivré par le directeur, ordonnateur des dépenses.

### ART. 31.

Les mandats de payement mentionnent l'exercice, la quotité de la dépense, le chapitre et l'article auxquels elle se rattache; les pièces justificatives prescrites par les règlements prévus à l'article 61 y sont jointes.

### ART. 32.

Les dépenses pour les besoins journaliers de l'école qui sont payées au comptant sont effectuées après approbation donnée par l'ordonnateur des dépenses. En fin de mois, ou lorsqu'elles atteignent 3oo francs, elles font l'objet d'un mandat de régularisation collectif quittancé pour ordre par l'économe.

### ART. 33.

La valeur des produits et objets consommés en nature, portée en recette aux termes de l'article 16, est aussi portée en dépense et mandatée comme les dépenses visées à l'article précédent.

### ART. 34.

Les dépenses ne peuvent être faites que dans les limites des crédits spéciaux inscrits à chaque chapitre et à chaque article.

### ART. 35.

En cas d'insuffisance de crédits, le recteur, sur l'avis du conseil d'administration, adresse au Ministre une demande spéciale de virement de crédit ou d'imputation de dépense sur l'excédent des recettes ordinaires. La décision prise par le Ministre est notifiée, d'une part, au recteur, qui en transmet une copie certifiée au directeur, et, d'autre part, au préfet.

## SECTION III.

### DE LA TENUE DES ÉCRITURES, DE LA RESPONSABILITÉ DE L'ÉCONOME, DU CONTRÔLE ET DE LA SURVEILLANCE.

### ART. 36.

La comptabilité des écoles normales est établie par gestions et divisée par exercices.

### ART. 37.

Pour la comptabilité en deniers, l'économe est tenu d'avoir:
1° Un registre à souche sur lequel il inscrit, à leur date et sans

lacune, toutes les sommes versées à sa caisse pour le compte de l'école à quelque titre que ce soit;

2° Un livre journal de caisse et de portefeuille sur lequel il inscrit, chaque jour et à sa date, toutes les sommes qu'il a reçues et toutes celles qu'il a payées pour le compte de l'école;

3° Un sommier dans lequel il classe par exercice toutes les recettes et toutes les dépenses.

ART. 38.

Pour la comptabilité des matières, l'économe tient un livre de magasin, le livre d'inventaire du mobilier appartenant au département, le livre d'inventaire du mobilier appartenant à l'école.

Il tient également le registre matricule de l'école.

ART. 39.

Le livre du magasin comprend tous les approvisionnements de l'école. Les denrées achetées pour le compte de l'établissement y sont inscrites avec la date de leur entrée dans le magasin, l'indication de la quantité et de la valeur. Au fur et à mesure qu'elles sont livrées à la consommation, l'économe en inscrit la sortie avec la date du jour où il fait la livraison, l'indication de la quantité livrée et de sa valeur.

Le registre est divisé en comptes particuliers selon la nature et la destination des différentes provisions. Un seul compte général comprend les produits du jardin et des propriétés de l'école consommés dans l'établissement.

Pour les consommations journalières du pain et de la viande et pour les achats au comptant, l'économe tient une main courante d'inscription quotidienne, et en porte le relevé sur le livre du magasin tous les quinze jours seulement, en indiquant avec exactitude les entrées et les sorties.

A la fin de chaque trimestre, il fait la balance des entrées et des sorties pour chaque compte du registre, et dresse un inventaire de tous les approvisionnements qui existent dans le magasin.

Le détail des approvisionnements en magasin au 31 décembre, tel qu'il résulte de l'inventaire dressé en fin d'année, est porté en tête de chacun des comptes particuliers du livre du magasin pour l'année suivante.

ART. 40.

Le livre d'inventaire du mobilier appartenant au département présente, avec un numéro d'ordre général et chacune à sa date,

toutes les acquisitions faites pour le mobilier, le matériel d'enseignement, la bibliothèque, le cabinet de physique, les ustensiles de ménage, etc.

Les objets hors d'usage, réformés avec l'autorisation du conseil
général, sont maintenus sur le livre d'inventaire; mais la décision qui en autorise la réforme est mentionnée, en regard, dans
la colonne d'observations.

### ART. 41.

Le livre d'inventaire du mobilier appartenant à l'école est ré-
digé dans la même forme. Les objets hors d'usage sont réformés
avec l'autorisation du recteur et maintenus sur le livre d'inventaire comme il est dit à l'article précédent.

### ART. 42.

Dans le mois qui suivra la promulgation du présent décret,
une commission composée du préfet ou de son délégué, des
deux conseillers généraux membres du conseil d'administration,
de l'inspecteur d'académie et d'un autre membre du conseil
d'administration désigné par le recteur, procédera, avec l'assis-
tance du directeur et de l'économe, au récolement du mobilier
et du matériel. Elle fera deux inventaires spéciaux, l'un pour les
objets appartenant au département, l'autre pour ceux qui appar-
tiennent à l'école.

Il sera dressé procès-verbal des opérations effectuées par la
commission. Une expédition de ce procès-verbal sera soumise au
conseil général et au conseil d'administration de l'école. Acte de
cette communication sera donné par ces deux assemblées pour
valoir titre entre les parties intéressées.

### ART. 43.

Le registre matricule de l'école est destiné à constater l'entrée
et la sortie des élèves-maîtres et les fonctions auxquelles ils ont
été appelés en sortant de l'école normale.

### ART. 44.

Tous les registres sont cotés et parafés par l'inspecteur d'a-
cadémie. Il ne peut y avoir aucune interversion dans la série
des numéros ni dans les dates. Toute rature ou surcharge est ap-
prouvée par l'ordonnateur des dépenses.

Le conseil d'administration et le directeur vérifient ces di-
vers registres toutes les fois qu'ils le jugent convenable et y
consignent le résultat de leur vérification.

La même vérification est faite par l'inspecteur d'académie, le recteur et les inspecteurs généraux en tournée.

### ART. 45.

Le directeur, ordonnateur des dépenses, vérifie la caisse de l'école au moins une fois par mois. Il arrête les écritures et inscrit le résultat de sa vérification sur le journal de caisse. S'il constate quelque irrégularité, il doit en aviser immédiatement l'inspecteur d'académie par un rapport spécial.

### ART. 46.

L'inspecteur d'académie, ou, en cas d'absence ou d'empêchement, son délégué, procède une fois par an au moins, de concert avec un délégué du préfet et en présence du directeur, ordonnateur des dépenses, et de l'économe, à la vérification de la caisse et de la comptabilité.

Ils constatent d'abord l'état de la caisse, puis se font représenter le livre à souche, le journal de caisse et le sommier, et, après s'être assurés de l'exactitude des sommes, des dates et des numéros d'ordre qui y ont été consignés, ils en arrêtent les totaux et indiquent le résultat de leur vérification.

Ils procèdent ensuite à la vérification de l'inventaire des approvisionnements en magasin dressé par l'économe, visé et approuvé par l'ordonnateur des dépenses, et le comparent avec la balance des entrées et des sorties, établie sur le livre du magasin. Ils comparent les quantités portées à l'inventaire avec les approvisionnements existants. Le résultat de cette vérification est constaté par la signature qu'ils apposent au bas de l'inventaire dressé par l'économe.

Immédiatement après, ils dressent un procès-verbal de la vérification à laquelle ils ont procédé. Ce procès-verbal est établi en double expédition, dont une reste déposée à l'école.

### ART. 47.

A la suite de la vérification de la caisse et du magasin, le directeur adresse à l'inspecteur d'académie, pour être transmise au Ministre, l'une des deux expéditions du procès-verbal ci-dessus mentionné et un bordereau récapitulatif des recettes et des dépenses.

Ce bordereau est visé par l'ordonnateur des dépenses. Il fait ressortir le solde en caisse, dont l'économe demeure comptable. L'économe joint à ce bordereau l'état des créances et l'état des dettes de l'école.

### ART. 48.

L'économe est tenu de verser au Trésor, à titre de placement de fonds sans intérêts, toutes les sommes qui sont reconnues par le directeur excéder les besoins courants de l'établissement.

Ce versement est fait par sommes rondes de 5oo francs et donne lieu à la délivrance par le receveur des finances d'autant de récépissés de 500 francs qu'en comporte la totalité du versement. Ces récépissés figurent dans l'encaisse de l'économe.

Au fur et à mesure des besoins de l'école, les dépôts de fonds sont retirés sur la représentation des récépissés, au dos desquels le directeur établit et signe un ordre de retrait de fonds. Cet encaissement ne donne pas lieu à la délivrance d'une quittance à souche ; l'économe se borne à quittancer pour ordre les récépissés rendus au Trésor.

### ART. 49.

En cas de changement de l'économe, l'inspecteur d'académie arrête, en présence du directeur et conjointement avec l'ancien économe ou son représentant et le nouvel économe, tous les registres de comptabilité, et constate par un procès-verbal l'état des écritures.

Ce procès-verbal indique le montant des valeurs trouvées en caisse, celui des créances et des dettes, la valeur et la quantité des approvisionnements existant en magasin. Le nouvel économe prend ces objets en charge et en devient responsable.

Il est procédé de la même manière pour la constatation et la prise en charge du mobilier de l'établissement.

Une copie des procès-verbaux dressés à cette occasion, certifiée par l'inspecteur d'académie, est envoyée au recteur pour être transmise au Ministre.

### ART. 5o.

En cas de maladie, de congé ou d'absence dûment justifiée, l'économe de l'école normale primaire peut, à titre exceptionnel, être remplacé par un fondé de pouvoir à son choix, dûment agréé par le recteur. Ce fondé de pouvoir agit pour le compte et sous l'entière responsabilité de l'économe.

Dans le cas de décès, de démission ou de révocation de l'économe, ou lorsqu'il aura été dans l'impossibilité absolue de désigner son remplaçant, le recteur nomme un gérant intérimaire qui en remplit les fonctions jusqu'au jour de l'installation de son successeur. Avis de cette nomination est donné au trésorier-payeur général. La gestion du gérant intérimaire, qui est

:tout à fait distincte de celle de l'ancien ou du nouveau titulaire,
donne lieu à une remise de service, conformément aux dispo-
:sitions de l'article précédent.

### ART. 51.

Tous les ans, à la clôture de l'exercice ou à chaque changement d'économe, il est procédé, en présence d'un délégué du
préfet, d'un membre du conseil d'administration désigné par le
recteur, du directeur de l'école et de l'économe, au récolèment
du mobilier et du matériel. Il sera dressé deux procès-verbaux
de cette opération, dont l'un pour le mobilier et le matériel du
département, l'autre pour le mobilier et le matériel de l'école.

Ces deux procès-verbaux sont établis en triple expédition :
l'une est soumise au conseil d'administration de l'école; les deux
autres sont envoyées au préfet pour être transmises par ses soins
au conseil général et au Ministre de l'instruction publique.

Le conseil général et le conseil d'administration de l'école de-
vront donner acte de cette communication.

### ART. 52.

L'économe est soumis à toutes les obligations imposées aux
comptables des lycées.

## SECTION III.
### DES ÉTATS DE SITUATION ET DU COMPTE DE L'EXERCICE.

### ART. 53.

Tous les ans, dans les dix premiers jours de janvier, l'économe soumet au conseil d'administration, en triple expédition,
l'état de situation de la caisse et l'état de situation du magasin
pour l'année précédente.

Le président du conseil adresse les trois expéditions de ces
deux états au recteur de l'académie avant le 20 janvier, avec un
extrait de la délibération qui a été prise à ce sujet.

Avant le 1ᵉʳ février, le recteur en envoie une expédition au
Ministre et une autre au préfet, avec ses observations personnelles. La troisième reste déposée dans les archives de l'académie.

### ART. 54.

L'état de situation de la caisse présente le résumé de toutes
les opérations de caisse de l'année qui ont été inscrites au
journal de caisse; il constate les valeurs qui se trouvaient en

caisse au 31 décembre de l'année précédente; le montant par
chapitre de toutes les sommes reçues et payées pendant le
cours de l'année et les valeurs restant en caisse à la fin de
l'année.

ART. 55.

L'état de situation du magasin présente le résumé du mouve-
ment des approvisionnements de l'année qui ont été inscrits au
livre du magasin; il constate la valeur totale des approvisionnements qui se trouvaient en magasin au 31 décembre de l'année
précédente, la valeur par chapitre des denrées qui sont entrées
dans le magasin et qui en sont sorties pendant le cours de l'année,
la valeur totale des approvisionnements restant en magasin à la
fin de l'année.

Les produits du jardin et des propriétés consommés en nature
forment un article spécial de l'état de situation du magasin.

ART. 56.

Tous les ans, le 1er avril, le directeur de l'école normale dresse
le compte administratif de l'exercice qui vient de se clore au
31 mars. Ce compte est établi en triple expédition. Il présente le détail des opérations de l'exercice seulement; il indique,
par chapitre, les sommes à recouvrer et les sommes à payer, et,
dans chaque chapitre, les recouvrements et les payements effec-
tués ainsi que les sommes restant à recouvrer ou à payer en fin
d'exercice. Pour l'appréciation des dépenses nettes, il constate
l'augmentation ou la diminution des approvisionnements portés
aux inventaires, ainsi que des produits en nature réservés pour
l'établissement. La situation de l'exercice, en excédent ou en
déficit, est établie, dans un tableau récapitulatif, par la compa-
raison de la recette et de la dépense.

Deux tableaux complémentaires, placés l'un au commence-
ment, l'autre à la fin du compte, offrent le résumé général de
la situation financière de l'école au 31 mars de l'année précédente et au 31 mars de l'année courante. Cette situation est
établie en actif et en passif.

L'actif se compose : 1° de l'excédent des recouvrements sur
les payements du budget; 2° du montant des créances; 3° de
la valeur des approvisionnements en magasin.

Le passif se compose du montant des dettes de l'école.

ART. 57.

L'ordonnateur des dépenses soumet le compte administratif
de l'exercice à l'examen du conseil d'administration, dans les

premiers jours d'avril, et l'accompagne d'un rapport détaillé
sur les diverses parties du service. Il constate dans ce rapport
l'exactitude et la régularité des recettes, et fournit des explications
sur les sommes restant à recouvrer et sur les causes du retard
dans le recouvrement. Il examine successivement les diverses
consommations, les compare avec celles de l'exercice précédent;
il en explique les différences et indique les améliorations introduites ou à introduire.

### ART. 58.

Le conseil d'administration prend une délibération sur le
compte qui lui est soumis par le directeur de l'école. Le résultat de sa délibération est adressé par le président, le 15 avril au
plus tard, au recteur de l'Académie avec trois expéditions du
compte.

Le directeur n'assiste pas à la séance dans laquelle le compte
qu'il a présenté est soumis à l'examen du conseil d'administration.

### ART. 59.

Le recteur transmet, avant le 30 avril, une de ces expédi
tions au préfet et l'autre au Ministre de l'Instruction publique; il
y joint ses observations personnelles. Le préfet soumet le compte
au conseil général dans la plus prochaine session et envoie immédiatement au Ministre copie de l'avis exprimé par l'assemblée départementale.

Le compte est approuvé par le Ministre de l'Instruction publique.

### ART. 60.

Chaque année, à la clôture de l'exercice, l'économe établit le
compte des recettes et des dépenses qu'il a faites en numéraire
pendant l'année précédente, ainsi que le compte des matières.

Le compte en deniers embrasse : 1° les opérations des douze
premiers mois de l'exercice, formant la deuxième partie de la
gestion expirée; 2° les opérations complémentaires du même
exercice, formant la première partie de la gestion suivante.

### ART. 61

Il présente, par colonnes distinctes et dans l'ordre des chapitres
et des articles du budget :

En recette :

1° La nature des recettes;

2° Le montant des produits d'après les titres justificatifs;

3° Les remises et non-valeurs;

4° La fixation définitive des sommes à recouvrer;

5° Les sommes recouvrées pendant la première année de l'exercice et pendant les trois premiers mois de la seconde année;

6° Les sommes restant à recouvrer à reporter au budget de l'exercice suivant.

En dépense :

1° Les articles de dépense du budget;

2° Le montant des crédits;

3° Le montant des sommes payées sur ces crédits, soit dans la première année de l'exercice, soit dans les trois premiers mois de la seconde année;

4° Les restes à payer à reporter au budget de l'exercice suivant;

5° Les crédits ou portions de crédit à annuler faute d'emploi dans les délais prescrits.

Les opérations de recette et de dépense qui ne concernent pas directement l'école figurent dans une section séparée du compte, sous le titre de services hors budget.

Le compte est suivi de la situation de l'économe envers l'école au 31 décembre et du résultat final de l'exercice qui est reporté en tête du compte suivant. Il est accompagné du procès-verbal de vérification de caisse au 31 décembre et des pièces justificatives prescrites par des règlements arrêtés de concert entre le Ministre de l'Instruction publique et le Ministre des Finances.

ART. 62.

Le compte des matières constate la quantité et la valeur des approvisionnements qui existaient dans les magasins au 31 décembre de l'année antérieure à celle du compte, la quantité et la valeur des approvisionnements qui sont entrés dans les magasins et de ceux qui en ont été retirés pendant l'année, enfin, la quantité et la valeur des objets qui existaient dans les magasins au 31 décembre.

Il est accompagné des pièces justificatives prescrites par les règlements concertés entre le Ministre de l'Instruction publique et le Ministre des Finances.

ART. 63.

Les comptes de gestion des économes des écoles normales primaires sont jugés par la Cour des comptes. Ils doivent lui parvenir avant le 1ᵉʳ octobre de la seconde année de l'exercice.

## SECTION IV.
### CAUTIONNEMENTS DES ÉCONOMES.

#### ART. 64.

Les cautionnements des économes des écoles normales primaires sont fixés à 5 p. o/o de l'ensemble des recettes de l'année qui précède leur installation. En aucun cas le cautionnement ne peut être inférieur à 1,000 francs.

Il ne sera pas tenu compte des recettes qui ne correspondent pas à une fraction de cautionnement de 100 francs.

L'économe qui a cessé d'exercer ses fonctions peut obtenir la restitution des deux premiers tiers de son cautionnement, sur la production d'un certificat délivré par le recteur et constatant que ses comptes sont réguliers et qu'il n'existe aucun débet à sa charge.

#### ART. 65.

Les cautionnements des économes sont versés : à Paris, à la caisse centrale du Trésor, et, dans les départements, aux caisses des receveurs des finances.

#### ART. 66.

Les dispositions du présent règlement sont applicables à l'administration et à la comptabilité intérieures des écoles normales primaires d'institutrices.

#### ART. 67.

Sont et demeurent abrogés les décrets des 29 juillet 1882 et 16 avril 1883 sur la comptabilité des écoles normales primaires, et toutes les dispositions contraires au présent règlement.

#### ART. 68.

Le Ministre de l'instruction publique et des beaux-arts, le Ministre de l'intérieur et le Ministre des finances sont chargés, chacun en ce qui le concerne, de l'exécution du présent décret, qui sera inséré au *Bulletin des lois* et au *Journal officiel.*

Fait à Paris, le 29 mars 1890.

CARNOT.

Par le Président de la République :

*Le Ministre de l'Intérieur,*           *Le Ministre des Finances,*
CONSTANS.                          ROUVIER.

*Le Ministre de l'Instruction publique
et des Beaux-Arts,*
LÉON BOURGEOIS.